W0201356

Kinder wollen lesen lernen!

lesen und rätseln

Kopiervorlagen

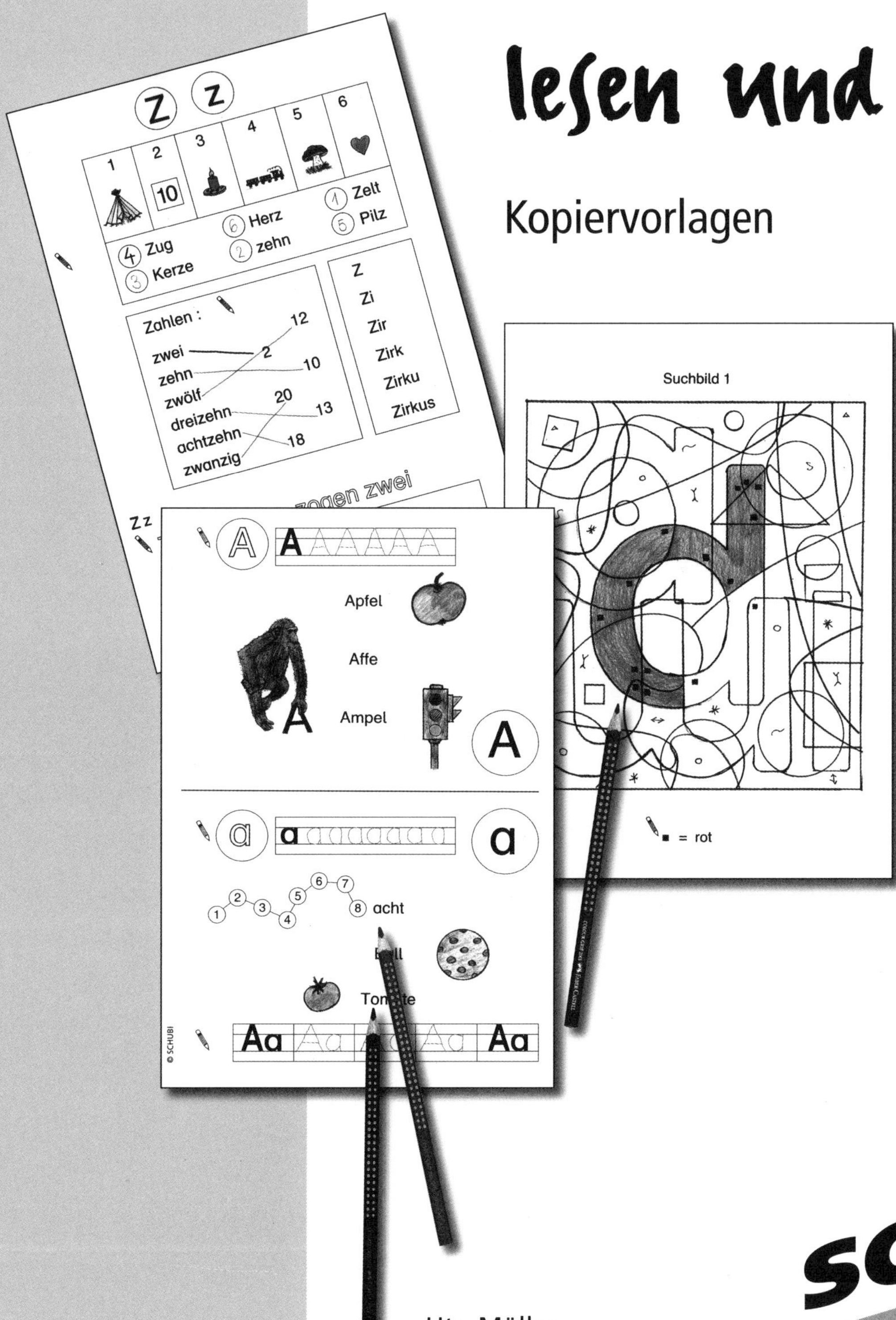

Ute Müller

SCHUBI®

Die Rechtschreibung dieses Werkes entspricht der Regelung von 2006.

Kopierrecht

Das Werk und seine Teile sind urheberrechtlich geschützt.
Mit dem Kaufpreis ist das Kopierrecht für den persönlichen Unterrichtsgebrauch abgegolten.
Jede weitere Vervielfältigung ohne ausdrückliche Genehmigung des Verlages ist untersagt. Ohne solche Genehmigung dürfen weder das Werk noch seine Teile in ein Netzwerk gestellt werden. Dies gilt sowohl für das Internet wie auch für Intranets von Schulen oder sonstigen Bildungseinrichtungen.

Alle Rechte vorbehalten.

© 2005 SCHUBI Lernmedien AG

CH-8207 Schaffhausen

service@schubi.com
www.schubi.com

2. Auflage 2007

ISBN 3-89891-247-7

No 103 79

Vorwort

Zum Lesenlernen in der 1. Klasse wird in der Regel für alle Kinder eine Fibel mit ergänzenden Arbeitsblättern als Grundmaterial verwendet. Die Lernwege der Kinder sind beim Lesenlernen aber nicht einheitlich. Verschiedene kognitive Stile, verschiedene Entwicklungsstände, verschiedene Motivations- und Interessenlagen verlangen im Erstleseunterricht Binnendifferenzierung.
Eine solche Differenzierung ist nur möglich mit reichhaltigem Lernmaterial.

Aus dem Gedanken heraus, diese Basis – Fibel mit Arbeitsblättern – durch zusätzliches Material zu bereichern, entstand die Idee, diesen Leselernbegleiter zusammenzustellen.

Die Blätter der Mappe können zu **jeder Leselernmethode** und zu **jeder Fibelart** verwendet werden. Sie eignen sich zum Differenzieren, zur Freiarbeit, zur Partnerarbeit, zur Arbeit mit Stationen, zum Stütz-/Förderunterricht und zum Förderunterricht Deutsch als Fremdsprache.

Auf jeder der Kopiervorlagen im Format DIN A4 finden sich 2 Schülerseiten im Format DIN A5. Dieses Format ist für die Kinder der ersten Klasse besser zu handhaben. Alle Seiten in der Mappe können auf dieses kleinere Format durchgeschnitten und den Kindern als einzelne Blätter abgegeben werden.

Die Übungen sind in 4 Teile gegliedert. Teil 1 enthält alle Buchstaben des Alphabets, Teil 2 ergänzend zum ABC weitere Buchstaben bzw. Buchstabenverbindungen, in Teil 3 sind Übungen zum Alphabet zu finden und Teil 4 enthält Rätsel, Leseseiten und zeigt verschiedene Schriftarten.

Die Textinhalte stammen aus dem Lebens-, Erfahrungs- und Interessenbereich von Kindern in diesem Alter. Die Bilder fungieren als Sinnstütze von Wort-Bild-Zuordnung, als Satz- oder Textersatz; sie bieten Sprech- und Leseanreize und Freude beim Ausmalen.

Sprachliche Konzeption und Ziele sind Buchstaben, Wörter und Sätze zum Lesenlernen. **Dabei werden die Anforderungen an die Lesefertigkeit allmählich größer.** Die Übungen beginnen u. a. mit auditiven und visuellen Analysen und steigern sich in einem breiten Angebot bis zur Erweiterung von Wortschatz und Satzbau.

Wenn Buchstaben etwas sagen …

… das ist Lesen.

Ich hoffe, dass mit diesen zusätzlichen Übungen Lehrerinnen und Lehrer die Kinder ermutigen können, sich mit Kopf, Herz und Hand aufs Lesen einzulassen, und dass sie bei den Kindern Neugier auf weiteren Lesestoff wecken. Allen miteinander wünsche ich, dass Sie Freude und Erfolg bei dieser Arbeit haben.

Bedanken möchte ich mich bei meinem Mann. Er unterstützte mich bei der Verwirklichung dieser Idee und erledigte alle Arbeiten am PC.

Ute Müller

© SCHUBI

Inhalt

Teil 1
ABC-Seiten

Lernstufe I
A–a
E–e
O–o
L–l
M–m
M–m (Schriftvariante)
I–i
I–i (Schriftvariante)
N–n
S–s
T–t
T–t (Schriftvariante)
U–u
U–u (Schriftvariante)

Lernstufe II
R–r
R–r (Schriftvariante)
D–d
W–w
P–p
H–h
F–f
F–f (Schriftvariante)

Lernstufe III
B–b
V–v
K–k
K–k (Schriftvariante)
G–g
G–g (Schriftvariante)
Z–z

Lernstufe IV
J–j
J–j (Schriftvariante)
Qu–qu
C–c
Y–y
Y–y (Schriftvariante)
X–x

linke Seiten der Arbeitsblätter

- Übungen zum auditiven und visuellen Erkennen des jeweiligen Buchstabens
- Ausmalen des Buchstabens
- ganzheitlich eingesetzte Wörter, bei denen der Buchstabe deutlich zu hören ist
- Aufgaben zum Druckschreiben
- Ausmalen der Bilder

rechte Seiten der Arbeitsblätter

- Übungen zur auditiven und visuellen Analyse von Buchstaben und Wörtern
- Übungen zur Synthese
- Übungen zum Wortaufbau/Wortabbau
- Lückenwörter
- Benennen und Aufschreiben von Lauten
- Zuordnen von Wörtern zu Bildern
- Übungen zur Synthese von Silben und Wörtern
- Übungen zum auditiven und visuellen Erkennen des jeweiligen Buchstabens
- Übungen zum sinnentnehmenden Lesen
- Übungen zur Erweiterung von Wortschatz und Satzbau

© SCHUBI

Teil 2 Umlaute, Doppellaute, ß Doppellaut Ei–ei Dehnungs-h Langer Vokal ie Konsonantenverbindung ck Konsonantenverbindung ch Doppellaut Au–au Doppellaut Eu–eu Konsonantenverbindung sch ß ß (Schriftvariante) Umlaute Ö–ö, Ü–ü Umlaut Ä–ä, Dopellaut Äu–äu	Lerninhalte • Vertiefende Übungen (analog zu Teil 1)
Teil 3 Übungen und Rätsel zum ABC ABC-Anordnung ABC-Anordung (Schriftvariante) Seifenblasen-ABC Suchbild 1 (d) ABC-Bild 1 (Rabe) ABC-Bild 2 (Sonne) Suchbild 2 (b) Suchbild 3 (m) ABC-Bild 3 (Fisch) ABC-Bild 4 (Turm) Suchbild 4 (n)	• Übungen zum Alphabet
Teil 4 Rätsel, Wortspiele und Schriften 6 Kreuzworträtsel Unsinnwörter Sonnenwörter Regenwörter Viele Namen Schreibe in die Kärtchen … Mathis – Lena (Verschiedene Schriften) Briefchen (Verschiedene Schriften) Initialen zum Ausmalen und zum Selbstgestalten Alle Kinder dieser Welt (Verschiedene Sprachen und Schriften)	• Sinnerfassendes Lesen • Vielfalt der Schriftgestaltung erkennen und selbst ausprobieren

© SCHUBI

Didaktische Hinweise

Sobald im Unterricht mit der Erarbeitung einzelner Buchstaben begonnen wird, können die vorliegenden Arbeitsblätter eingesetzt werden. Die Seiten sind so gestaltet, dass das Kind selbstständig damit arbeiten kann. Es sind keine langen Erklärungen notwendig. Es sollte aber besprochen werden, dass

– das Symbol Ohr für hören steht,
– das Symbol Stift für ankreuzen, verbinden, schreiben oder malen.

Teil 1 enthält je 1 Seite zu jedem Buchstaben des Alphabets.
Wo die Buchstabenformen in den verschiedenen Druckschriften substanziell voneinander abweichen, wurde das entsprechende Blatt zweimal aufgenommen und liegt in unterschiedlichen Schriftvarianten vor. Die Lehrperson wählt das ihren Schriftnormen besser entsprechende Blatt zum Kopieren aus.

Die linken Seiten von Teil 1 haben alle denselben Aufbau. So weiß das Kind rasch Bescheid, wie dort zu arbeiten ist. Die Wörter sind so ausgewählt, dass der betreffende Buchstabe gut zu hören ist. Wichtig ist hier, dass dieser Buchstabe mit Hilfe der Bilder laut gesprochen und mehrmals geschrieben wird.
Einige der verwendeten Wörter kommen in der Mappe immer wieder vor – eine Hilfe beim zunächst analytischen Lesen.

Bei den Übungen auf den rechten Seiten von Teil 1 wurde bedacht, dass anfänglich erst wenige Buchstaben gelesen werden können. Der Ablauf, in dem Buchstaben üblicherweise gelernt werden, lässt sich in 4 Lernstufen einteilen. Dieser Ablauf wurde bei der Zusammenstellung der Übungen berücksichtigt.

Lernstufe I: A–a, E–e, O–o, M–m, I–i, L–l, N–n, T–t, U–u, S–s
Übungen: Ankreuzen von Bildwörtern, die den jeweiligen Buchstaben enthalten; Wort-Bild-Zuordnungen; Buchstabennachspuren; Wörter aufbauend lesen; kleine Wörter mit den bereits bekannten Buchstaben schreiben

Lernstufe II: R–r, D–d, W–w, P–p, H–h, F–f
und
Lernstufe III: B–b, K–k, V–v, G–g, Z–z
Übungen: Wörter ergänzen; Wörter aufbauend lesen; Wörter mit ähnlicher Struktur unterscheiden; nach Anweisung malen (sinnerfassendes Lesen); Silbenrätsel; Wort-Bild-Zuordnungen

Lernstufe IV: J–j, Qu–qu, C–c, X–x, Y–y
Übungen: Wörter ergänzen; Wort-Bild-Zuordnungen; Sätze sinnvoll ergänzen; sinnerfassendes Lesen von Sätzen

(Die Aufeinanderfolge der Buchstaben innerhalb der einzelnen Stufen kann variieren.)

Im Teil 2 finden sich ergänzend zum Alphabet weitere Buchstaben und Buchstabenverbindungen mit vertiefenden Übungen.

© SCHUBI

Für die Übungen von Teil 3 müssen die Kinder das ganze ABC kennen. Die 8 Seiten enthalten Aufgaben zur Reihenfolge des Alphabets. Wer später einmal mit einem Wörterbuch arbeiten will, muss das ABC auswendig können. Die Suchbilder für b, d, m und n sollen helfen, dass diese Buchstaben nicht miteinander verwechselt werden.

Im Teil 4 wird das bisher Gelernte angewendet und erweitert. Bei diesen 8 Seiten kann das Kind nun schon recht gut mit der Schriftsprache umgehen: Es kann Rätsel lösen, Sinn und Unsinn entdecken, lange Wörter sinnerfassend lesen und schreiben, verschiedene Schriften und Sprachen unterscheiden, eigene Ideen einbringen, Buchstaben verzieren und sich daran freuen.

© SCHUBI

Teil 1

Lernstufe I

A–a

E–e

O–o

L–l

M–m (in zwei Schriftvarianten)

I–i (in zwei Schriftvarianten)

N–n

S–s

T–t (in zwei Schriftvarianten)

U–u (in zwei Schriftvarianten)

Lernstufe II

R–r (in zwei Schriftvarianten)

D–d

W–w

P–p

H–h

F–f (in zwei Schriftvarianten)

Lernstufe III

B–b

V–v

K–k (in zwei Schriftvarianten)

G–g (in zwei Schriftvarianten)

Z–z

Lernstufe IV

J–j (in zwei Schriftvarianten)

Qu–qu

C–c

Y–y (in zwei Schriftvarianten)

X–x

A A

Apfel

Affe

Ampel

A

a a

a

1 2 3 4 5 6 7 8 acht

Ball

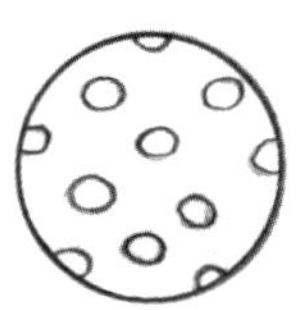

Tomate

Aa				Aa

© SCHUBI

A a

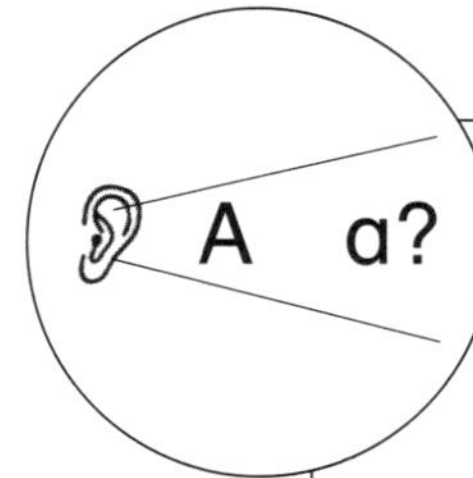

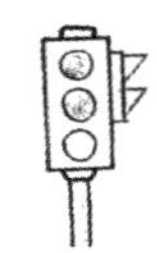

Tasse — 

Ampel

Sofa 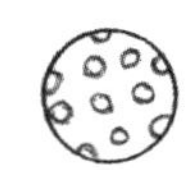

Ball

Affe 

A
a

a	A	L	E	O
M	e	i	A	a

E E

Elefant

Ente

Esel

E

---

e e

e

1 2 3 4 5 6 7 8 9 10 11 elf

Esel

Tomate

Ee				Ee

© SCHUBI

E e

E e?

Nest

Elefant

Ente

Esel

E
e

E	A	O	E	A	L	E	O
e	o	a	l	e	e	o	m

O

Obst

Olive

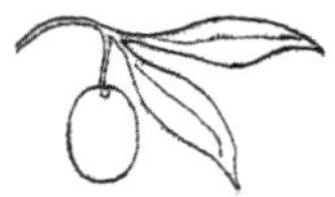

Oma

O

---

o

o

on – off

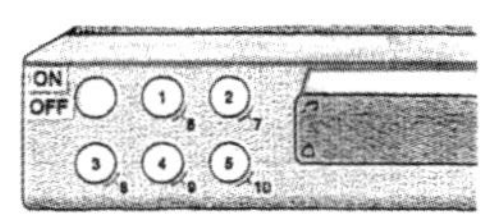

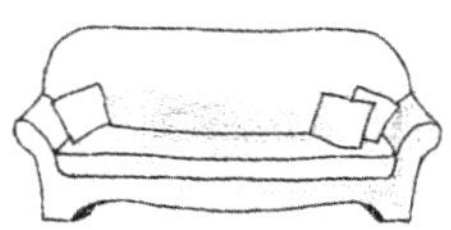

Sofa

Tomate

Oo | | | | Oo

© SCHUBI

O o

O o?

O o

Oma

Obst

Sonne

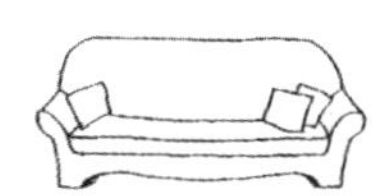

Sofa

L

L

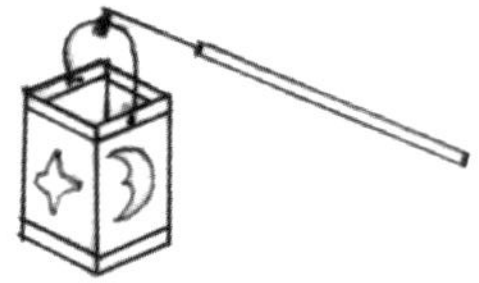

Laterne

Löffel

Leiter

L

l

l

l

lila

Blume

Delfin

Ll

Ll

© SCHUBI

L l

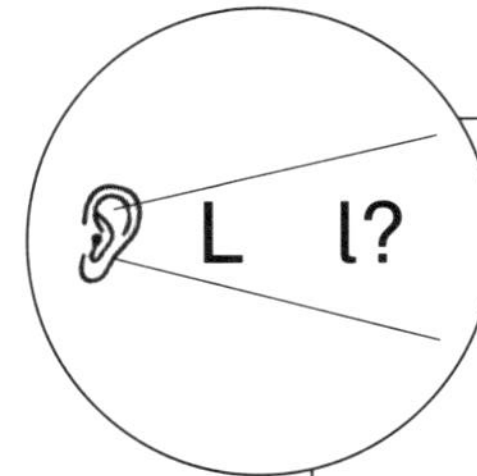

Lilo|Li

Ali|A

L l

Laterne

Leiter

lila

Delfin

M M

Maus

Mond

Maske

M

m m

m

miau

Oma

Tomate

Mm			Mm

© SCHUBI

M m

M m?

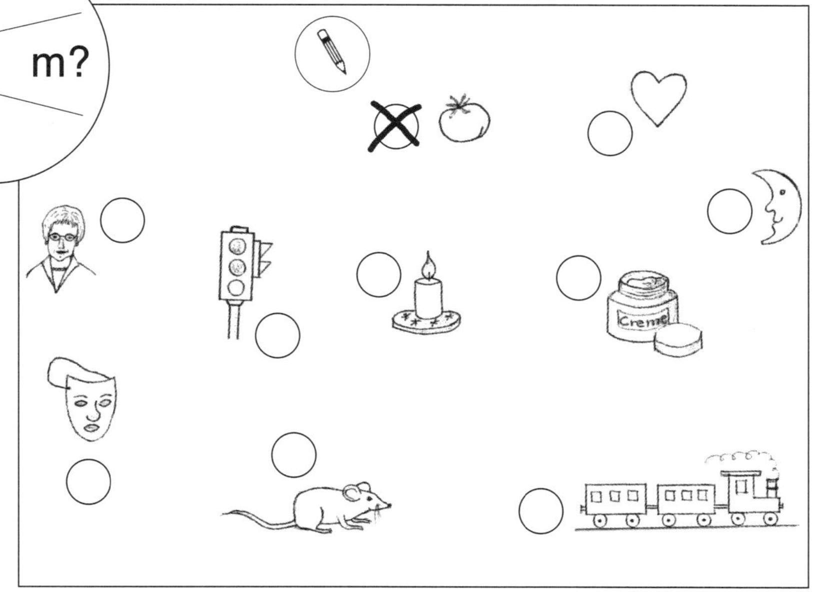

Mund	Mond	Mona
Opa	Ofen	Oma
Momo	Mama	Mimi

Mama|M

Oma|O

M | M

Maus

Mond

Maske

M

---

m | m

m

miau

Oma

Tomate

Mm | | | Mm

© SCHUBI

M m

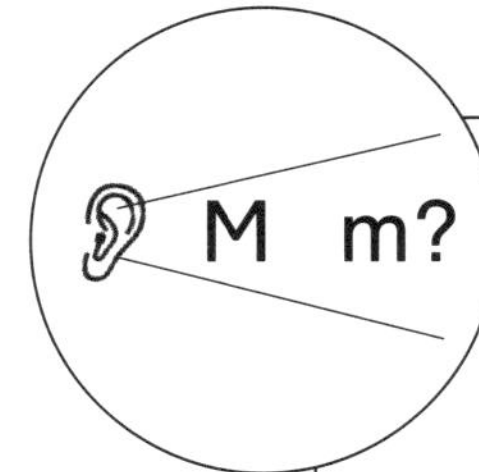

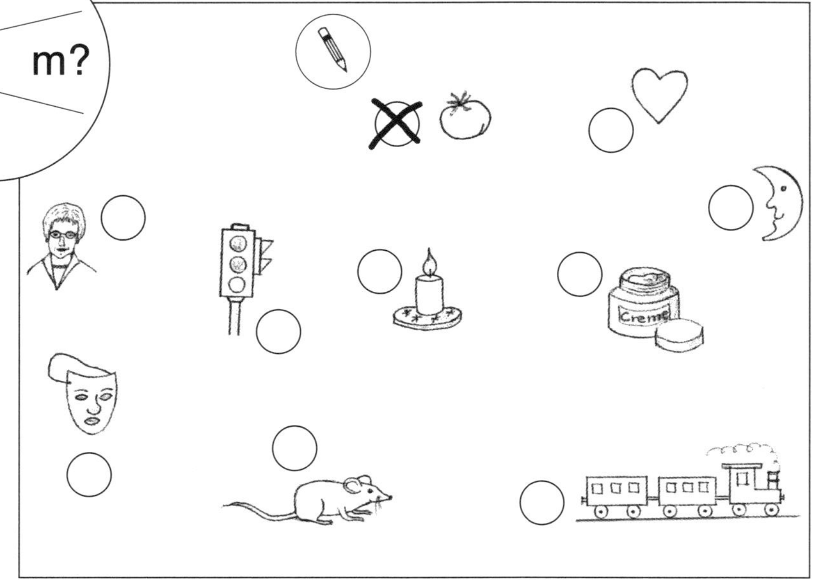

	Mund	Mond	Mona
	Opa	Ofen	Oma
	Momo	Mama	Mimi

Mama | M

Oma | O

I

Igel

Insel

Indianer

I

---

i

i

Pilz

Indianer

Ii							Ii

I i

Ina|In

Oli|O

Ali|A

I	I	E	L	I	A	E	I	O
i	i	a	o	e	i	i	a	i

© SCHUBI

J J

Jgel

Jnsel

Jndianer

J

---

i i

i

Pilz

Jndianer

Ji						Ji

© SCHUBI

J i

J i?

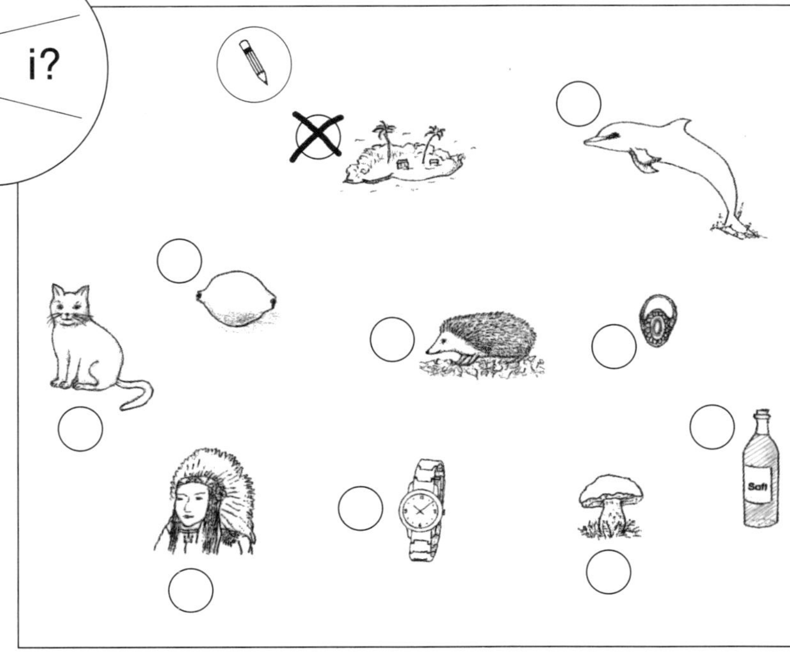

Jna | Jn

Oli | O

Ali | A

J
i

J	E	L	J	A	E	J	O
i	a	o	e	i	i	a	i

N N

Nest 

 Nagel

 Nuss

N

n n

n

1 2 3 4 5 6 7 8 9 neun

Delfin 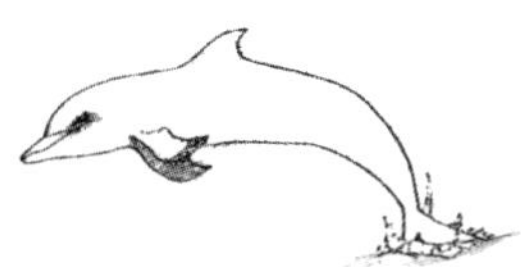

Elefant

Nn				Nn

© SCHUBI

N n

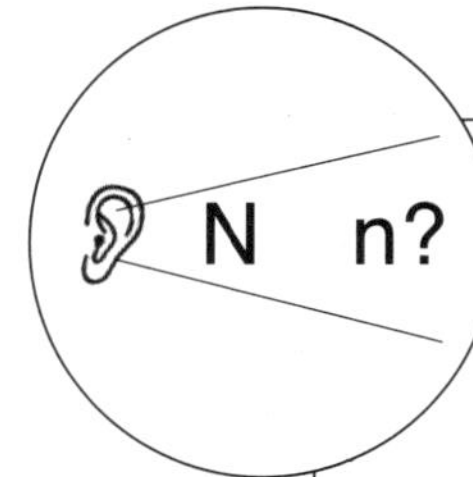

Namen:

Nena Anna Lena Toni

Nena|A

Dein Name:

S s

Sonne

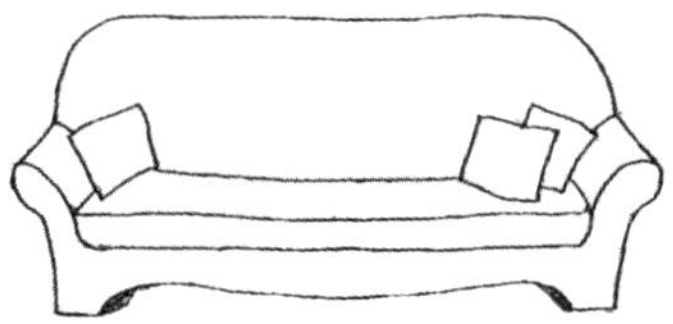

Sofa

Sieb

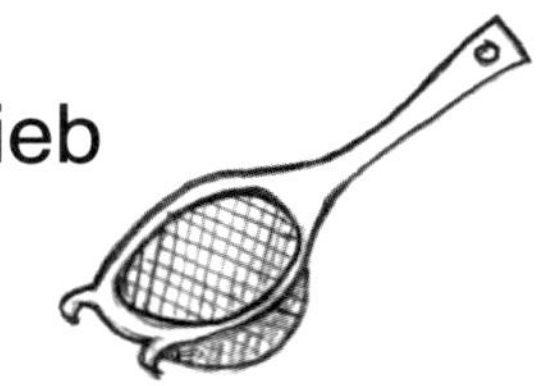

S

S s

s

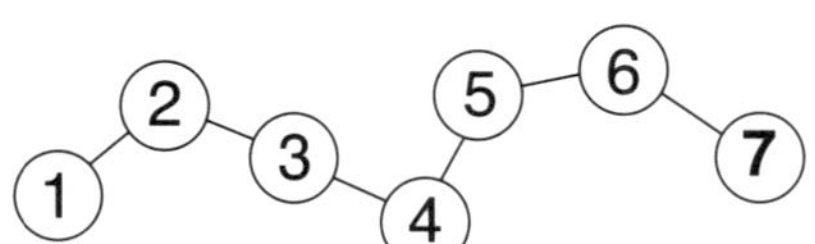

sieben

Dose

Maske

Ss				Ss

© SCHUBI

S s

Sofa		Dose
Sonne		Sissi
Salat		Tasse
Esel		Amsel
Sessel		Lasso

~~Son~~ ne	So *fa*	se *Tas*
Son		

Sissi soll Salat essen.

Male Sissi mit einem Sonnenhut.

T

T

Torte

Tomate

Tasse

T

---

t

t

t

tut

Tomate

Torte

Tt Tt

© SCHUBI

T t

T t am Anfang oder am Ende ?

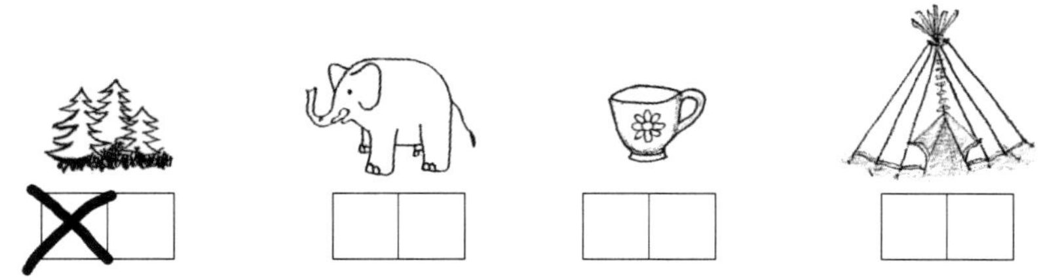

T	T	E
Ta	To	En
Tas	Tom	Ent
Tass	Toma	Ente
Tasse	Tomat	
	Tomate	

Male:

eine rote Tomate

eine lila Tasse

T T

Torte

Tomate

Tasse

T

t t

t

tut

Tomate

Torte

Tt					Tt

© SCHUBI

T t

T t am Anfang oder am Ende ?

T	T	E
Ta	To	En
Tas	Tom	Ent
Tass	Toma	Ente
Tasse	Tomat	
	Tomate	

Male:

eine rote Tomate

eine lila Tasse

U U

Uhu

Uhr

Ufo

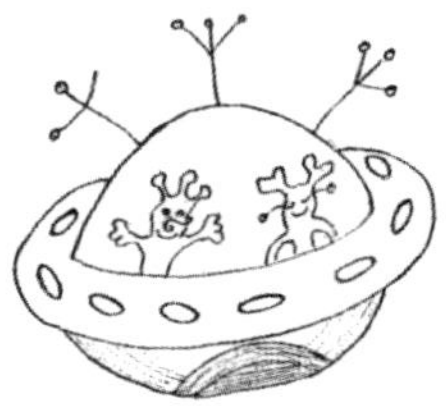

U

u u

u

umziehen

Wurst

Zug

Uu Uu

© SCHUBI

U u

U u?

Suche: und

Stunde	bunt	Wunde
Hund	Mond	rund
Fund	Nudel	pudern

U
u

U	A	L	m	u	i	o	n
u	e	T	s	L	U	E	U

U U

Uhu

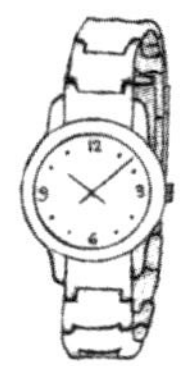

Uhr

Ufo

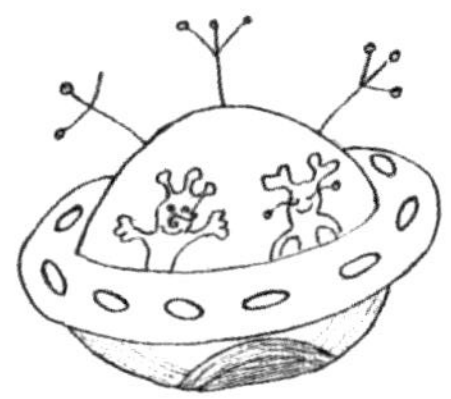

U

U U U

umziehen

Wurst

Zug

Uu				Uu

© SCHUBI

U u

U u?

Suche: und

Stunde	bunt	Wunde
Hund	Mond	rund
Fund	Nudel	pudern

U
u

U	A	L	m	u	i	o	n
u	e	T	s	L	U	E	U

R R

Roller

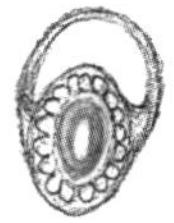

Ring

Rabe

R

---

r r

r

rot

Torte

Laterne

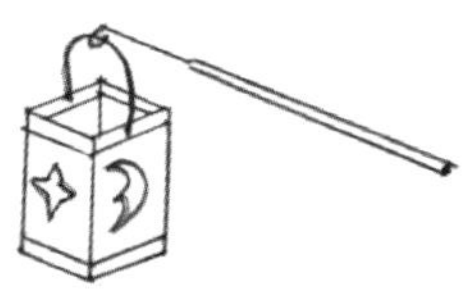

Rr				Rr

© SCHUBI

R r

R

Ring __abe __assel __ose

r

Torte Rolle__ Bä__ Telle__

R	T	R
Ro	Te	Ra
Rol	Tel	Ras
Roll	Tell	Rass
Rolle	Telle	Rasse
Roller	Teller	Rassel

R
r

P	L	R	S	R	m	R	A
a	r	i	r	m	r	n	o

R | R

Roller

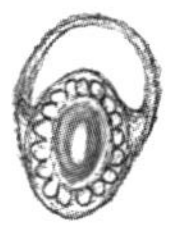

Ring

Rabe

R

r | r

r

rot

Torte

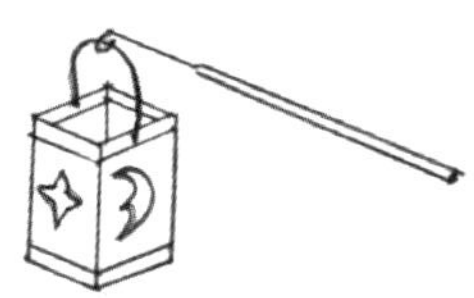

Laterne

Rr				Rr

© SCHUBI

R r

R

Ring __abe __assel __ose

r

Torte Rolle__ Bä__ Telle__

R	T	R
Ro	Te	Ra
Rol	Tel	Ras
Roll	Tell	Rass
Rolle	Telle	Rasse
Roller	Teller	Rassel

R	P	L	R	S	R	m	R	A
r	a	r	i	r	m	r	n	o

D D

Dose

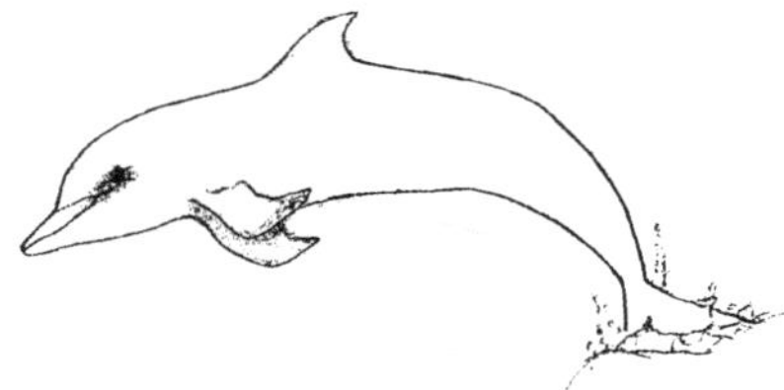

Delfin

Drachen

D

d d

d

danke

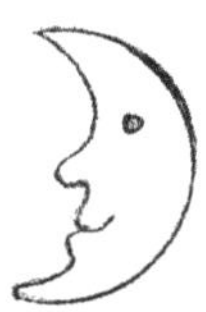

Nadel

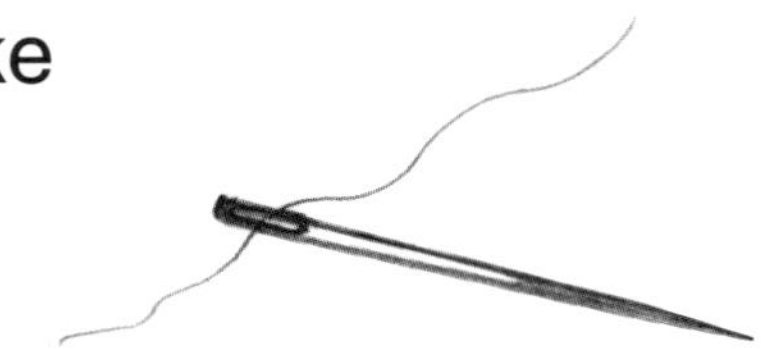

Mond

Dd				Dd

© SCHUBI

D d

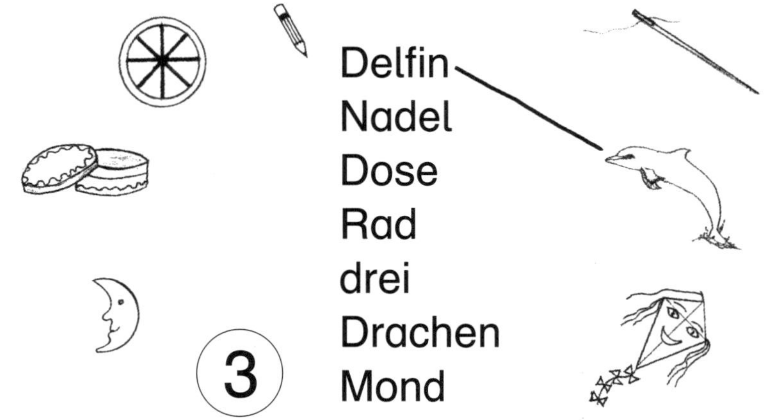

Delfin
Nadel
Dose
Rad
drei
Drachen
Mond

3

d

da	__u
Na__el	__anke
Mon__	Lan__

Male d rot an:

d wie danke

danke

W W

Wolke

Würfel

Wurst

W

---

w w

w

wolkig

Möwe

Zwillinge

Ww Ww

W w

W	W	W
Wa	Wo	Wa
Wal	Wol	Wan
Wald	Woll	Wann
	Wolle	Wanne
		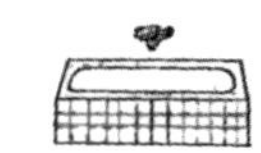

	Walze	Wolke	Wurzel
	Wolle	Welle	Wille
	Wal	Wasser	Wald

W w

Was will Oma?
Oma will
im Wald
wandern.

© SCHUBI

P P

Papa

Pilz

Puppe

P

---

p p p

piep

Papa

Puppe

Pp				Pp

© SCHUBI

P p

P	P	P
Pa	Pu	Pi
Pap	Pul	Pin
Papa	Pull	Pins
	Pulli	Pinse
		Pinsel

	Pepe	Pilz	Papa
	Pappe	Puppe	Pepsi
	Pinsel	Pulli	Pille

Male Papa
in einem
roten Pulli!

H H

Hase

Herz

Hexe

H

h h

h

halt

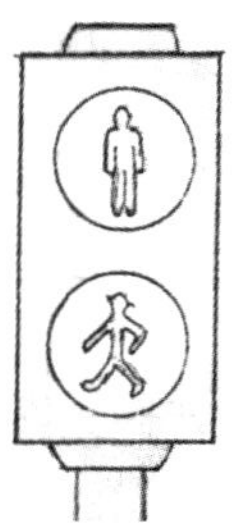
stehen

gehen

Hh Hh

© SCHUBI

H h

Hose	Helm	Henne	Herd
Hase	Halm	Hemd	Hirte

H	h	H
He	he	Ha
Hel	hel	Haa
Helm	hell	Haar
		Haare

H	H	F	H	L	E	H	F	A
h	h	n	b	h	o	m	h	d

Male:

Hans hat einen lila Helm.

Helen hat rote Haare.

F F

Fisch

Feder

Flasche

F

f f

f

1 2 3 4 5 fünf

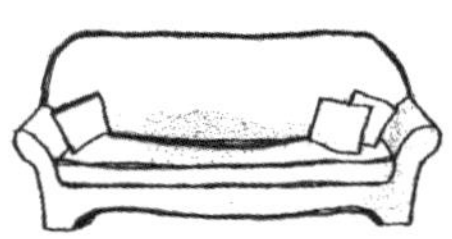

Sofa

Delfin

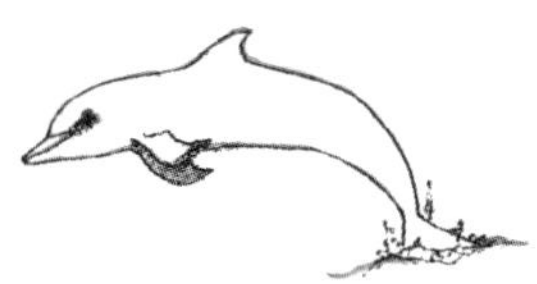

Ff Ff

© SCHUBI

F f

Fe der	Af fe	So fa
Fe		

F
f

T	M	F	L	E	F	H	P
r	f	t	i	f	l	f	i

Verbinde:

Der Delfin ist im Meer.

Der Saft ist in der Flasche.

Der Affe ist im Hof.

Der Elefant steht am See.

Male einen
lila Delfin
im Wasser.

F F

Fisch

Feder

Flasche

F

f f

f

(1) (2) (3) (4) (5) fünf

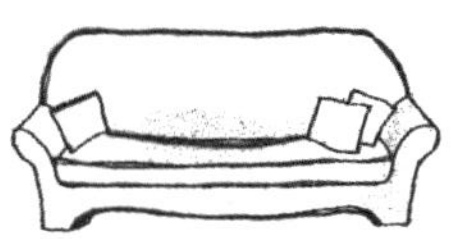

Sofa

Delfin

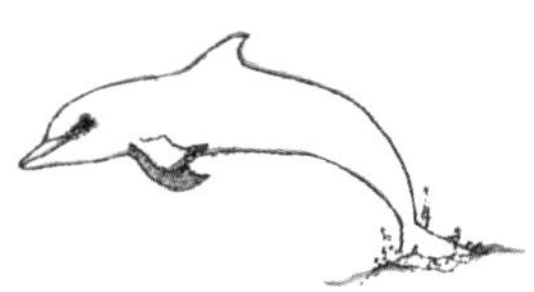

Ff Ff

F f

 ~~Fe~~ der Fe	 Af fe	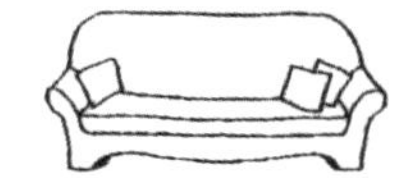 So fa

F	T	M	(F)	L	E	F	H	P
f	r	f	t	i	(f)	l	f	i

Verbinde:

Der Delfin ist im Meer.

Der Saft ist in der Flasche.

Der Affe ist im Hof.

Der Elefant steht am See.

Male einen
lila Delfin
im Wasser.

B B

Bär

Ball

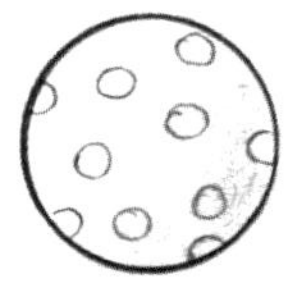

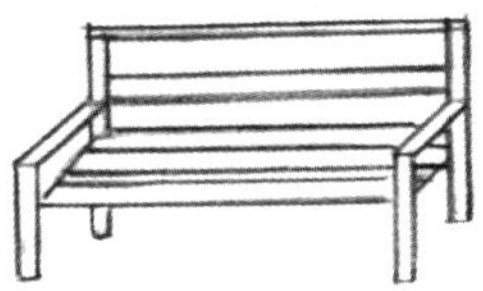

Bank

B

---

b b

b

bitte

Gabel

Obst

Bb				Bb

© SCHUBI

B b

Bus __eere
__är B __anane
__irne __ild

bitte O__st
__unt b Ga__el
Ra__e __ald

B		B	R	P	B	K	B	O	F
b		b	p	o	b	p	a	b	d

Male b blau an:

b wie bitte

bitte

V V

Vogel

Vater

Veilchen

V

---

v v

v

1 2 3 4 vier

Olive

Pulver

Vv				Vv

© SCHUBI

V v

Diese V v klingen wie F f:

① 

② 4

③ 

④ 

Male diese V v rot aus:

(4) Vater ○ Vogel ○ vier
○ Veilchen

Diese V v klingen wie W w:

⑤ 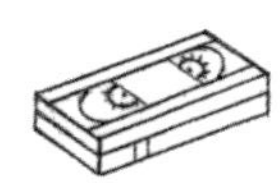

⑥ 

⑦ 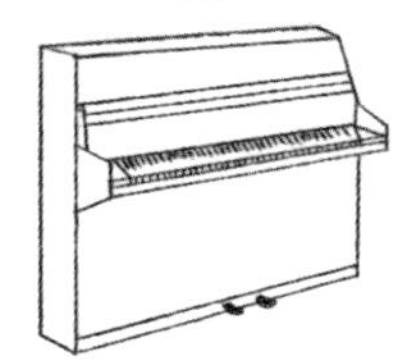

⑧ 

Male diese V v blau aus:

(8) Vulkan ○ Video ○ Vase
○ Klavier

K K

Katze

Kerze

Kette

K

---

k k

k

kikeriki

Maske

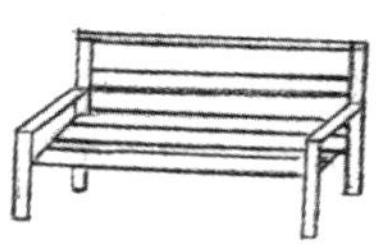

Bank

Kk Kk

© SCHUBI

K k

K	K	M
Ke	Ka	Ma
Ket	Kak	Mas
Kett	Kakt	Mask
Kette	Kaktu	Maske
	Kaktus	

1	2	3	4	5	6

(5) Kette	( ) Bank
( ) Kaktus	( ) Kerze
( ) Paket	( ) Wolke

Male
einen rosa
Kaktus.

K K

Katze

Kerze

Kette

K

---

k k

kikeriki

Maske

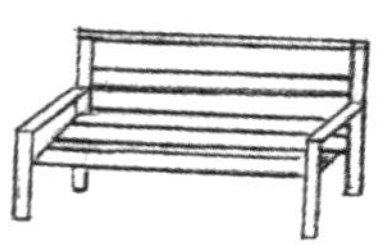

Bank

Kk Kk

© SCHUBI

K k

K	K	M
Ke	Ka	Ma
Ket	Kak	Mas
Kett	Kakt	Mask
Kette	Kaktu	Maske
	Kaktus	

1	2	3	4	5	6

(5) Kette ( ) Bank

( ) Kaktus ( ) Kerze

( ) Paket ( ) Wolke

Male einen rosa Kaktus.

G G

Gans

Gabel

Geld

G

g g g

 gehen

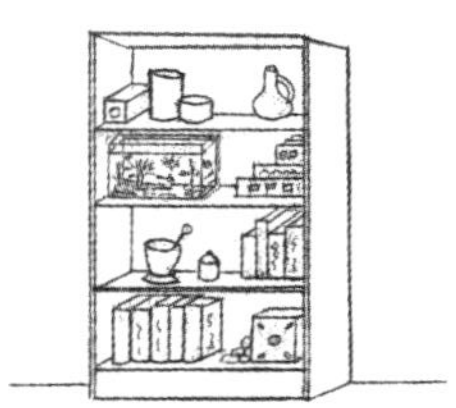

Regal

Vogel

Gg Gg

© SCHUBI

G g

	☒ Nagel	○ Rabe
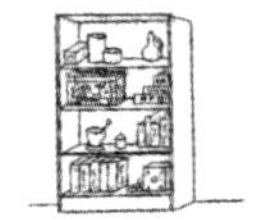	○ Papa	○ Regal
	○ Gold	○ Geld

	○ Esel	○ Vogel
	○ Gabel	○ Geist
	○ Bär	○ Gans

G
g

G	O	D	G	A	L	G	B
i	g	d	g	f	o	g	d

Male:

Die Gans hat einen gelben Schnabel.

Neben dem Regal ist ein Fenster.

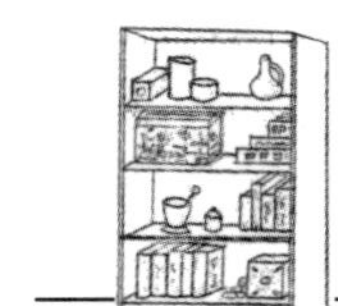

Der Vogel hat einen Wurm im Schnabel.

G

G

Gans

Gabel

Geld

G

g

g

g

gehen

Regal

Vogel

Gg Gg

© SCHUBI

G g

	☒ Nagel ○ Rabe
	○ Papa ○ Regal
	○ Gold ○ Geld

	○ Esel ○ Vogel
	○ Gabel ○ Geist
	○ Bär ○ Gans

G
g

(G)	O	D	G	A	L	G	B
i	(g)	d	g	f	o	g	d

Male:

Die Gans hat einen gelben Schnabel.

Neben dem Regal ist ein Fenster.

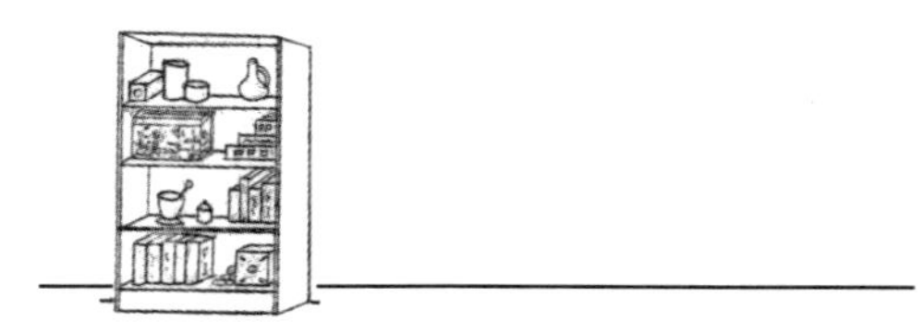

Der Vogel hat einen Wurm im Schnabel.

Z Z

Zug

Zitrone

Zelt

Z

---

z z z

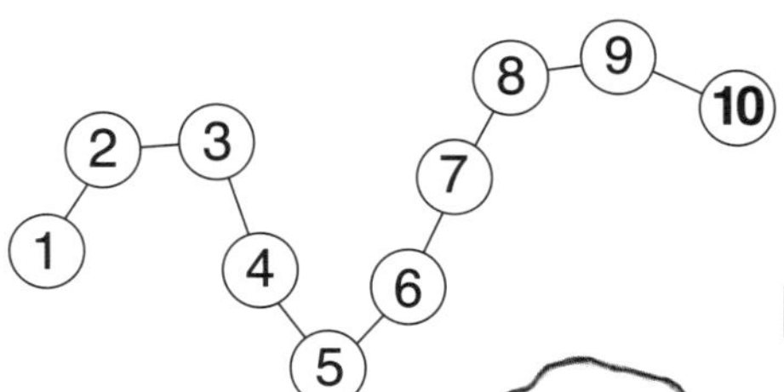

zehn

Herz

Pilz

Zz Zz

© SCHUBI

Z z

1	2	3	4	5	6
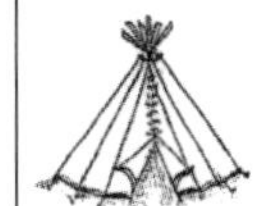	10		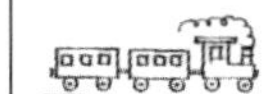		

(4) Zug	◯ Herz	◯ Zelt
◯ Kerze	◯ zehn	◯ Pilz

Zahlen:		
zwei		12
zehn	2	
zwölf		10
dreizehn	20	
achtzehn		13
zwanzig	18	

Z
Zi
Zir
Zirk
Zirku
Zirkus

Z z

Zehn Ziegen zogen zwei

Zirkuswagen →

zum Zeltplatz.

J J

Jäger

Jacke

Joghurt

J

---

j j

j

jagen

jung

alt

Jj Jj

© SCHUBI

J j

1	2	3	4	5
 Winter			 Sommer	

(1) Januar ◯ Joghurt ◯ Jacke
◯ Juli ◯ Jäger

ja oder nein?

Kinder sind jung.
Oma und Opa sind alt. — ja

Schlitten fahren wir
im Juli.

Joghurt mit Johannisbeeren
esse ich gerne.

Am 1. Januar beginnt
ein neues Jahr.

J

Jäger

Jacke

Joghurt

J

j

j

jagen

alt ↔ jung

Jj Jj

J j

1	2	3	4	5
 Winter			 Sommer	

(1) Januar ◯ Joghurt ◯ Jacke
◯ Juli ◯ Jäger

ja oder nein?

Kinder sind jung.
Oma und Opa sind alt. — ja

Schlitten fahren wir
im Juli.

Joghurt mit Johannisbeeren
esse ich gerne.

Am 1. Januar beginnt
ein neues Jahr.

© SCHUBI

Qu

Qu

Quartett

Qualm

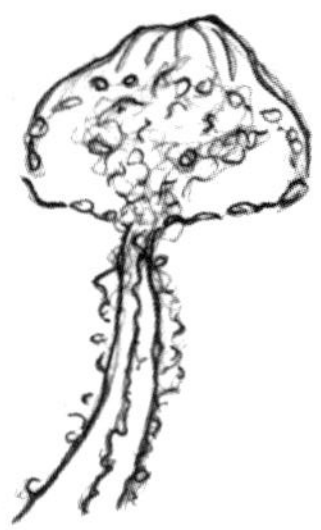

Qualle

Qu

qu

qu

qu

quaken

qualmen

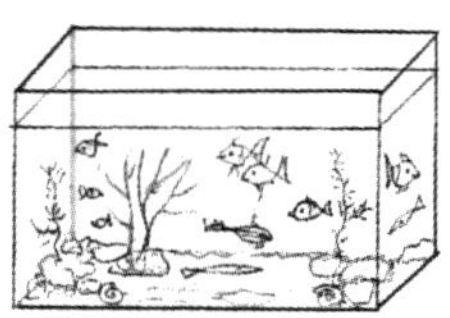

Aquarium

Qu qu | | Qu qu

© SCHUBI

Qu qu

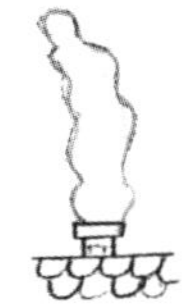

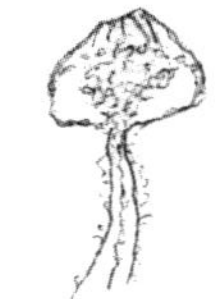

Qualm

quaken

Qualle

Quadrat

Quark

Quartett

Aquarium

Male:

3 Fische
schwimmen
im Aquarium.

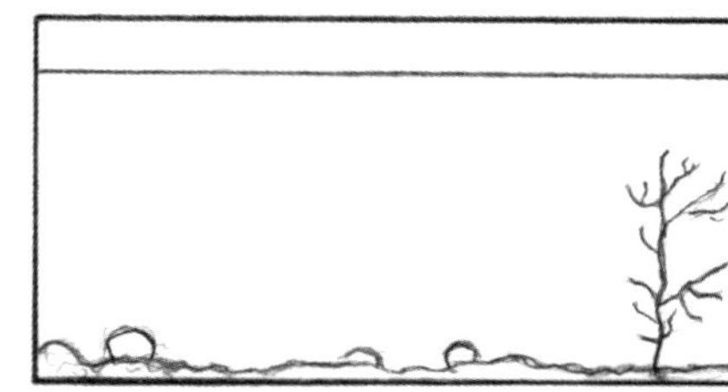

Erdbeeren
sind im Quark.

Das Quadrat
ist grün.

C C

Cent

Creme

Computer

C

C c

c

Comic

Cc Cc

© SCHUBI

C c

Nico		Claudia
Cent		Creme
Bianca		Computer
Cola		Marco
Carola		Rico

Male in den
Computer ein
buntes Bild.

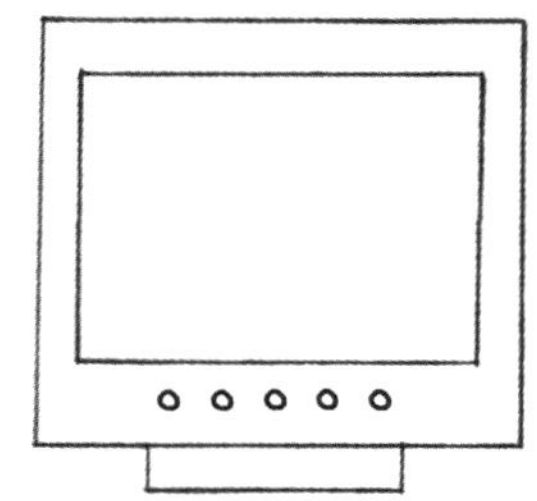

Die Handcreme ist rosa.

Die Sonnencreme ist gelb.

Die Schokoladencreme
ist braun.

Y Y

Yak

Yvonne

Yoga

Y

---

y y

y

Zylinderhut

Evelyn

Yy Yy

© SCHUBI

Y y

1	2	3	4	5

2 Yak ◯ Teddy ◯ Yoga
◯ Evelyn ◯ Zylinderhut

Y y können klingen wie i, ü oder j.

Verbinde:

Evelyn — i
Pyramide
Yoga
Hobby
Teddy
Yak
Xylofon

i

ü

j

Y Y

Yak

Yvonne

Yoga

Y

---

y y

y

Zylinderhut

Evelyn

Yy | | | | | Yy

Y y

1	2	3	4	5

(2) Yak ◯ Teddy ◯ Yoga
◯ Evelyn ◯ Zylinderhut

Y y können klingen wie i, ü oder j.

Verbinde:

Evelyn — i
Pyramide
Yoga — ü
Hobby
Teddy — j
Yak
Xylofon

© SCHUBI

X X

Xylofon

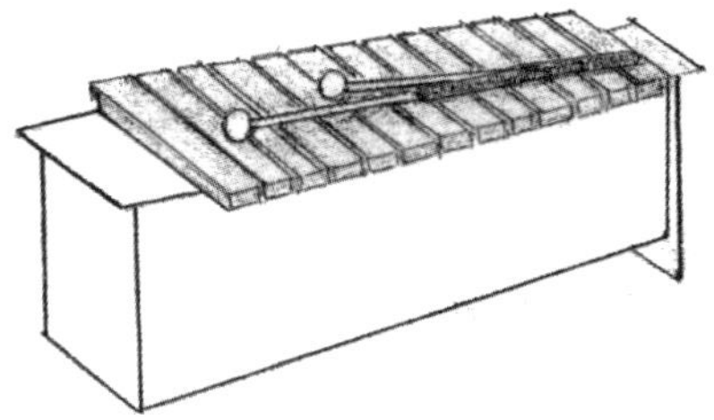

X

x x X

Hexe

Taxi

Axt

Xx Xx

© SCHUBI

X x

Wörter mit x:

Hexe	Ni_e	
he_en	Mi_er	Ta_i
Ma_	mi_en	Bo_er
A_t	Fa_	bo_en

Eine H______ kommt nur in Märchen vor.

Opa hackt mit der ______ 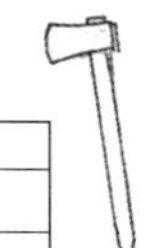 das Holz klein.

Mit dem ______ fahren wir zum Flughafen.

Moritz ist der Bruder von ______ .

Mutti hat in der Küche einen ______ .

Axt Hexe Max Mixer Taxi

Teil 2

Doppellaut Ei–ei

Dehnungs-h

Langer Vokal ie

Konsonantenverbindung ck

Konsonantenverbindung ch

Doppellaut Au–au

Doppellaut Eu–eu

Konsonantenverbindung Sch–sch

ß (in zwei Schriftvarianten)

Umlaute Ö–ö / Ü–ü

Umlaut Ä–ä / Doppellaut Äu–äu

Ei

 Ei
 Eis
 Eimer

Trage **Ei** ein:

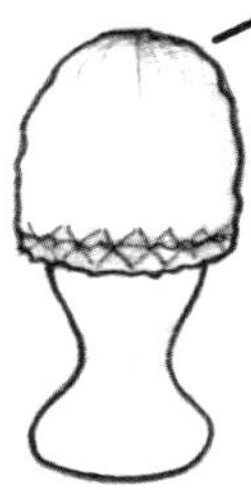

Ei erwärmer

___erlöffel

___erbecher

___eruhr

___erschale

© SCHUBI

ei

1 eins
2 zwei
3 drei

 Reis
 Seil

Verbinde und schreibe :

f		fein
d		
m	ein	
s		
r		

Die Ostereier sind bunt:

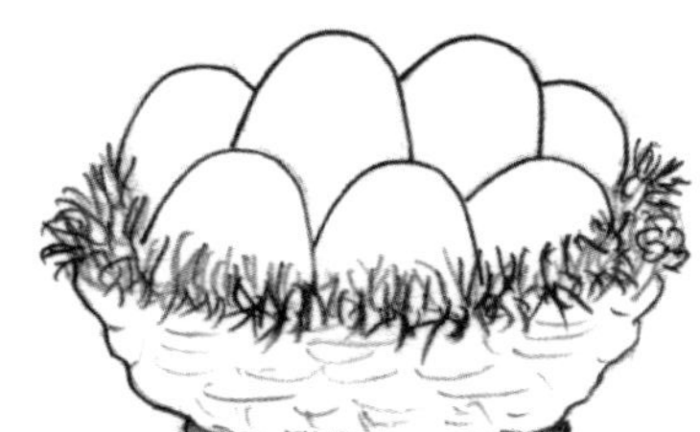

Dieses **h** hört man **nicht**:

6 ☐ ☐ ☐ ☐ ☐

1 Uhr	2 Fahne	3 Hahn
4 Ohr	5 Kuh	6 Huhn

h

Schreibe zu den Bildern die Wörter :

U

Kreuze an:

	ja	nein
Bist du ein Sohn?	☐	☐
Hast du eine eigene Uhr?	☐	☐
Kannst du Ski fahren?	☐	☐
Hast du eine Lehrerin?	☐	☐
Magst du Blumenkohl?	☐	☐
Hast du einen Ohrring?	☐	☐

Male an:

Mohnblume: rot

Bilderrahmen: grün

Lehnsessel: lila

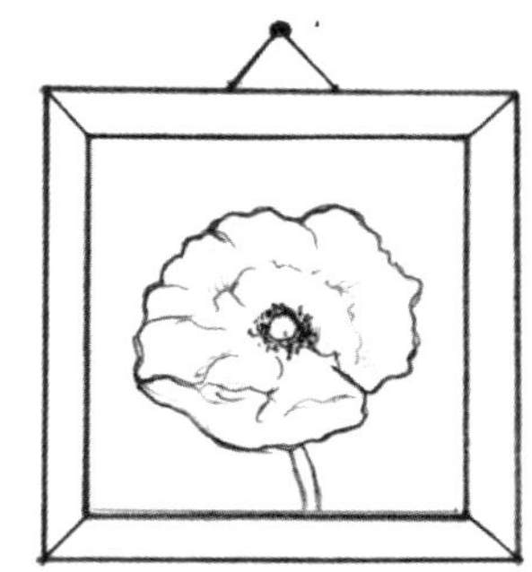

© SCHUBI

7 — sieben

4

vier
sieben
Sieb
Brief
Stiefel

ie

der, die oder das?

die Wiege
___ Wiese
___ Biene
___ Ziege

Aber:
___ Riese
___ Stiefel
___ Brief
! ___ Tier

Eine Fliege ist in
der Wiege.
Kreise sie ein!

Brief Brief Brief Brief
Brief Brief Brief Brief
Brief Brief Dieb Brief Brief Brief
Brief Brief Brief Brief Brief Brief
Brief Brief Brief Brief Brief Brief

Der Dieb ist
in dem Brief.
Streiche ihn durch!

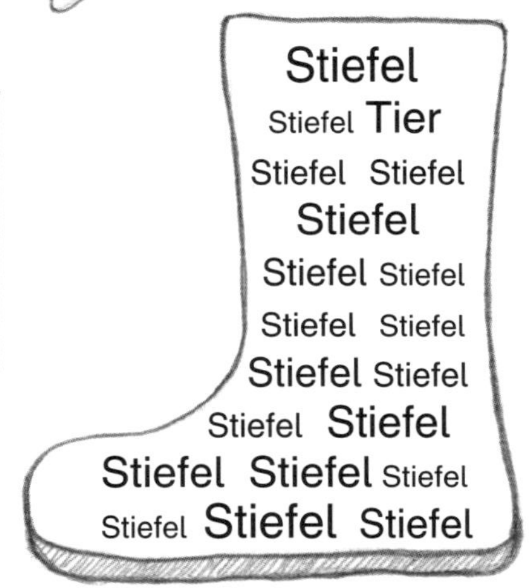

Wo ist das Tier im Stiefel?

Der Riese versteckt sich in der Wiese. Findest du ihn?

© SCHUBI

ck

Ecke

Decke 

 Deckel

Schnecke 

Socke 

Glocke 

Rock 

St____ 

Bl____ 

Male an:

Socken: rot

Rock: blau

Stock: braun

Sack: lila

Glocke: gelb

Decke: bunt

Packe in den Rucksack Wörter mit **ck**:

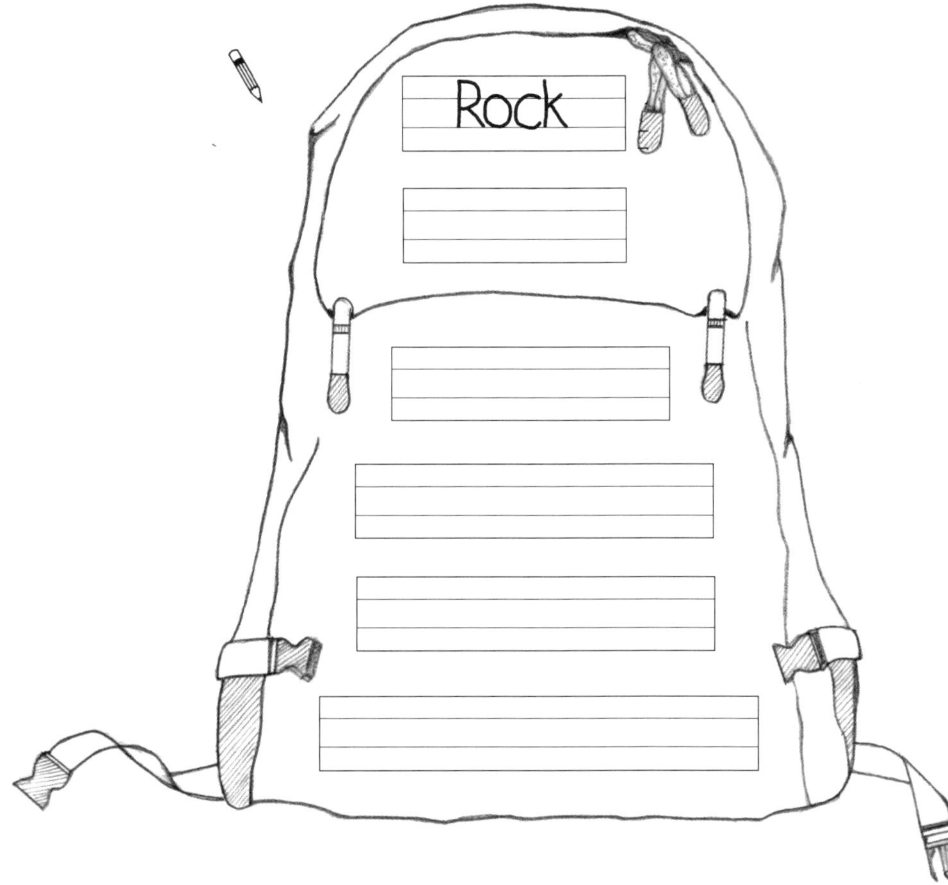

ck

Nicki versteckt seine fleckigen dicken Socken hinter dem Rucksack in der Kellerecke.

© SCHUBI

acht
Drachen
Licht
Teich
Milch

ch

Reime:

d	i	ch
m		
s		

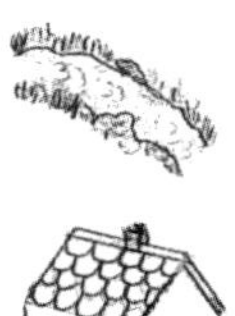

B	a	ch

L	o	ch

T	u	ch

W	i	ch	t

Male einen Drachen:

Was stimmt?

Der Mond scheint ~~in dem Tuch.~~ / in der Nacht.

Der Fisch schwimmt in dem Teich. / auf dem Dach.

Wir lassen im Herbst Bücher / Drachen steigen.

Manche Kinder trinken morgens Milch. / Licht.

© SCHUBI

Au au

Auto

Auspuff →

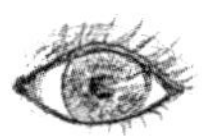

Auge

Male das Auto blau an.

miau

 Maus

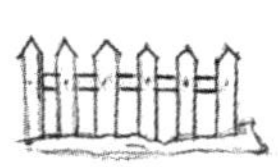 Zaun

 Haus

Reime:

	au	s
r		s
M		s
L		s

Der		ist	○	○	sauer.
Die		ist	○	○	blau.
Die		ist	○	○	grau.
Der		ist	○	○	braun.
Das		ist	○	○	aus.

au

Eine Maus saust aus dem blauen Haus hinaus.

© SCHUBI

Eu eu

Euro 

Eule 

 Euter 

Heu 

Beutel 

Feuer 

Schreibe die Wörter:

Was macht dir Freude?

Kreuze es an:

- ◯ eine neue Puppe
- ◯ eine neuer Ball
- ◯ ein Feuerwehrauto
- ◯ eine neues Puzzle
- ◯ ein Abenteuerbuch

© SCHUBI

Welchen Namen hat dein Freund?

Welchen Namen hat deine Freundin?

Male deinen Freund oder deine Freundin:

Sch sch

Schirm 

Schere 

Schuh 

Schrank 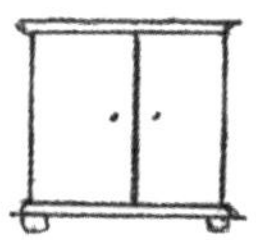

Fisch 

Tisch 

Frosch 

Tasche 

Der Schal ist rot.

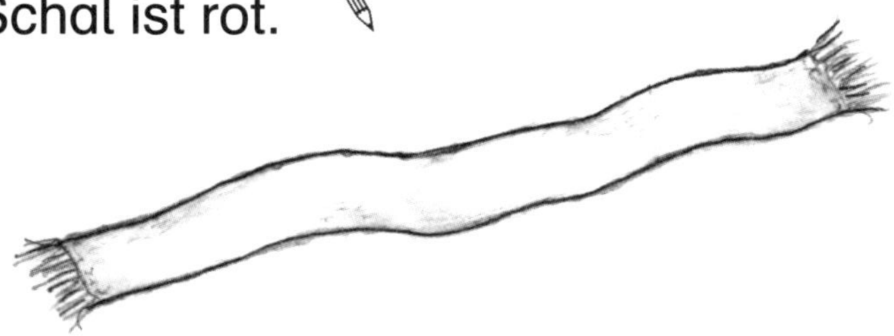

Hast du eine Schwester?

ja ☐ nein ☐

© SCHUBI

Der Fisch kann	○ schnurren.
Die Gans kann	○ schneiden.
Du kannst schon	○ schnattern.
Die Katze kann	○ schreiben.
Du kannst im Bett	○ schwimmen.
Mit der Schere kannst du	○ schlafen.

Male einen Schneemann:

ß

ß

Floß 

Grußkarte 

Fuß 

Gießkanne 

Was ist **weiß, groß, süß, heiß?**

Die Torte ist ______________ .

Der Schnee ist ______________ .

Das Feuer ist ______________ .

Der Lastwagen ist ______________ .

Wie heißt die Straße, in der du wohnst?

____

Wie heißen deine Nachbarn?

____

Male einen Blumenstrauß:

© SCHUBI

ß

ß

Floß  Grußkarte 

Fuß  Gießkanne 

Was ist **weiß, groß, süß, heiß?**

Die Torte ist ____________ .

Der Schnee ist ____________ .

Das Feuer ist ____________ .

Der Lastwagen ist ____________ .

Wie heißt die Straße, in der du wohnst?

____

Wie heißen deine Nachbarn?

____

Male einen Blumenstrauß:

© SCHUBI

Ö ö

Verbinde:

Öl

Flöte

Möwe

(12)

Löffel

zwölf

Öllampe

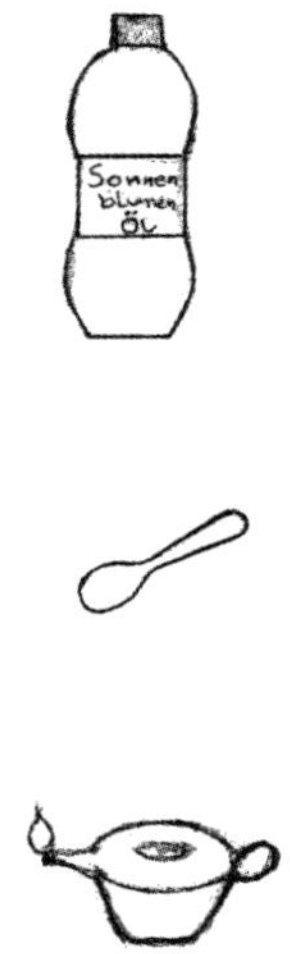

Welche Wörter stimmen?
Kreuze sie an:

☒ Flöte ○ Fläte ○ Flüte	○ Läffel ○ Löffel ○ Lüffel	○ Äl ○ Ül ○ Öl
○ Mäwe ○ Müwe ○ Möwe	○ schün ○ schön ○ schän	○ böse ○ bäse ○ büse

Ü ü

Male die Bilder fertig:

Der Würfel ist grün.
Die Mütze ist blau.
Der Schlüssel hat einen Anhänger.
Auf der Zahnbürste ist Zahnpasta.
Der Kleiderbügel hat einen Haken.
Die Tür hat ein kleines Fenster.

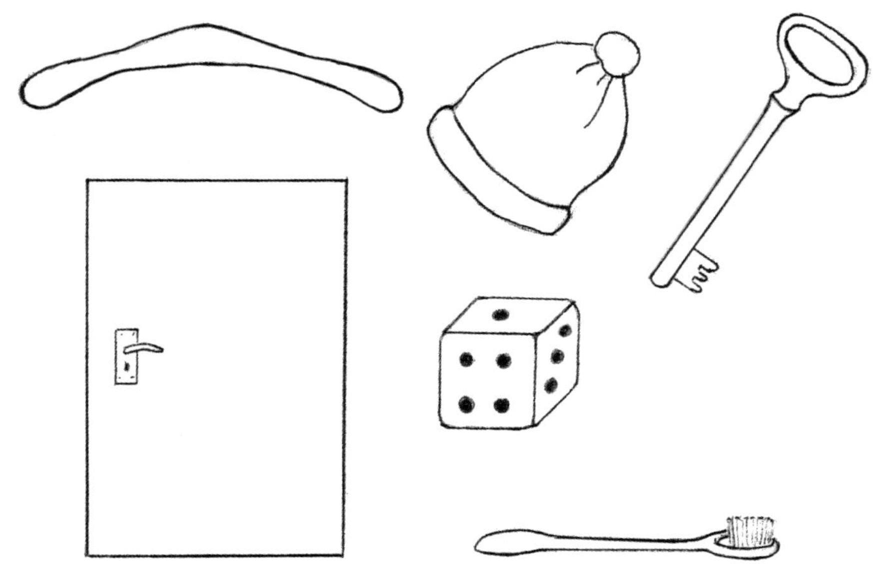

© SCHUBI

Ä ä

Ärmel

Bär

Äpfel

Säge

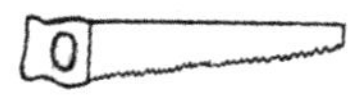

Käse

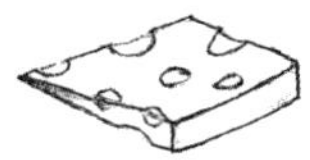

Schreibe die Wörter:

Katze	Käse	Kasten	Kamel
Sand	Salat	Säge	Saft
Bad	Bart	Ball	Bär
Ärmel	Abend	Arbeit	Affe

Äu äu

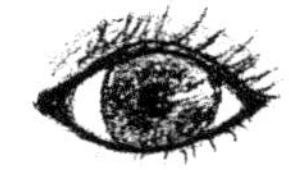

Auge

Äuglein

Die kleinen Mäuse haben die Äuglein zu.

eins:	viele:
Maus	Mäuse
Haus	___
Baum	___

GROSS:	klein:
Maus	Mäuschen
Haus	___
Baum	___

© SCHUBI

Teil 3

ABC-Anordnung (in zwei Schriftvarianten)

Seifenblasen-ABC

Suchbild 1 (d) / ABC-Bild 1 (Rabe)

ABC-Bild 2 (Sonne) / Suchbild 2 (b)

Suchbild 3 (m) / ABC-Bild 3 (Fisch)

ABC-Bild 4 (Turm) / Suchbild 4 (n)

So stehen die Buchstaben im ABC

A B C D E F G H I J

K L M N O P Qu R S

T U V W X Y Z

---

a b c d e f g h i j

k l m n o p qu r s

t u v w x y z

© SCHUBI

Trage die fehlenden Buchstaben in der Reihenfolge des ABC ein:

A B C _ _ F _ H _

_ K _ _ N _ _ Qu

_ _ T _ _ _ _ Y Z

a _ _ d _ f _ _ i _

k _ _ _ _ _ qu

_ _ t _ v _ _ _ _

So stehen die Buchstaben im ABC

A B C D E F G H J J

K L M N O P Qu R S

T U V W X Y Z

---

a b c d e f g h i j

k l m n o p qu r s

t u v w x y z

© SCHUBI

Trage die fehlenden Buchstaben in der Reihenfolge des ABC ein:

A B C _ _ F _ H _

_ K _ _ N _ _ Qu

_ _ T _ _ _ _ Y Z

a _ _ d _ f _ _ i _

k _ _ _ _ _ qu

_ _ t _ v _ _ _ _

E

E

Elefant

Ente

Esel

E

e

e

e

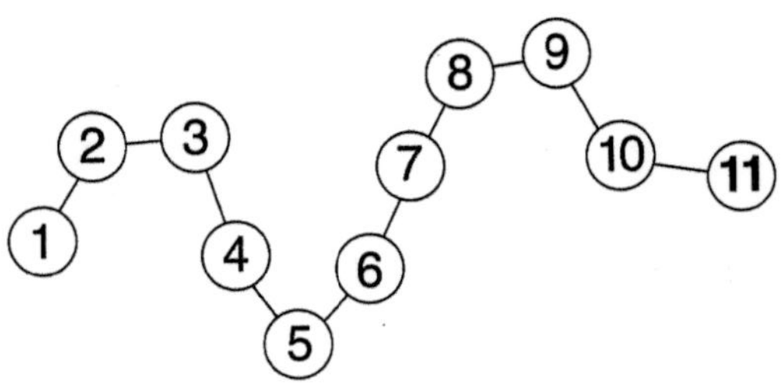

elf

Esel

Tomate

Ee				Ee

© SCHUBI

E e

Nest

Elefant

Ente

Esel

E		E	A	O	E	A	L	E	O
e		e	o	a	l	e	e	o	m

A A

Apfel

Affe

Ampel

A

---

a a

a

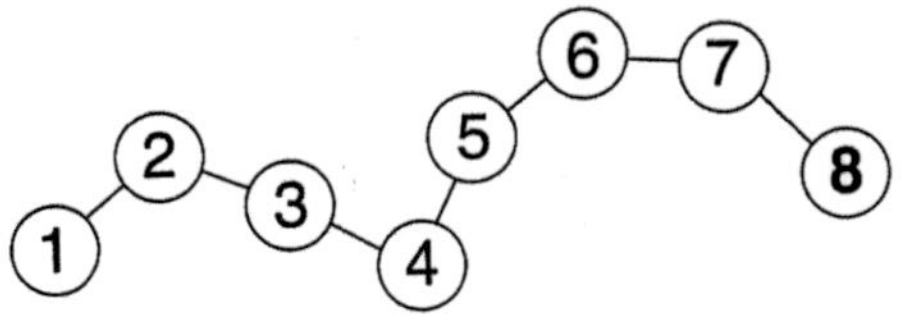

1 2 3 4 5 6 7 8 acht

Ball

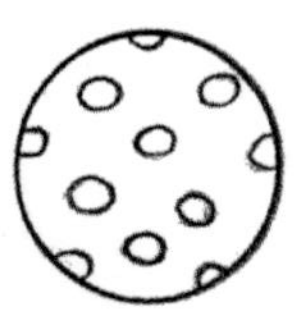

Tomate

Aa				Aa

A a

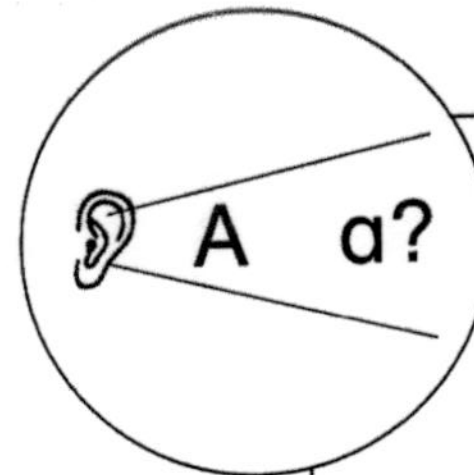

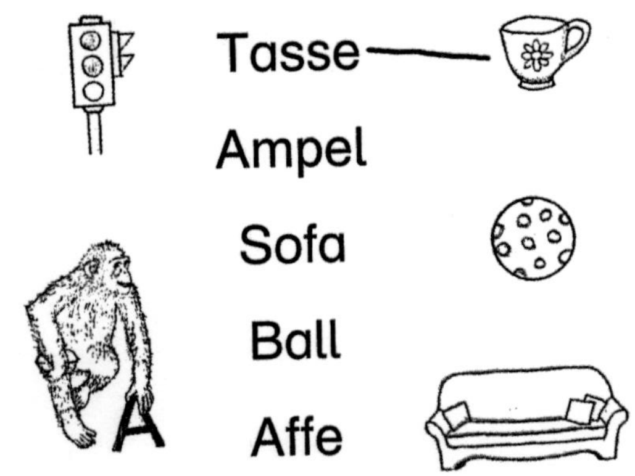

Tasse

Ampel

Sofa

Ball

Affe

A
a

a A L E O

M e i A a

© SCHUBI

1

Immer 2 Seifenblasen gehören zusammen!

GROSSER und kleiner Buchstabe

Trage die fehlenden Buchstaben ein:

A a	B b	C ◯
◯ d	◯ e	◯ f
◯ g	H ◯	◯ i
◯ j	◯ k	
L ◯	◯ m	

2

Immer 2 Seifenblasen gehören zusammen!

GROSSER und kleiner Buchstabe

Trage die fehlenden Buchstaben ein:

N ◯	O ◯	◯ p
Qu ◯	◯ r	◯ s
T ◯	U ◯	◯ v
W ◯	◯ x	
Y ◯	◯ z	

© SCHUBI

Suchbild 1

■ = rot

ABC – Bild 1

Verbinde die Punkte in der Reihenfolge des ABC:

© SCHUBI

ABC – Bild 2

Verbinde die Punkte in der Reihenfolge des ABC:

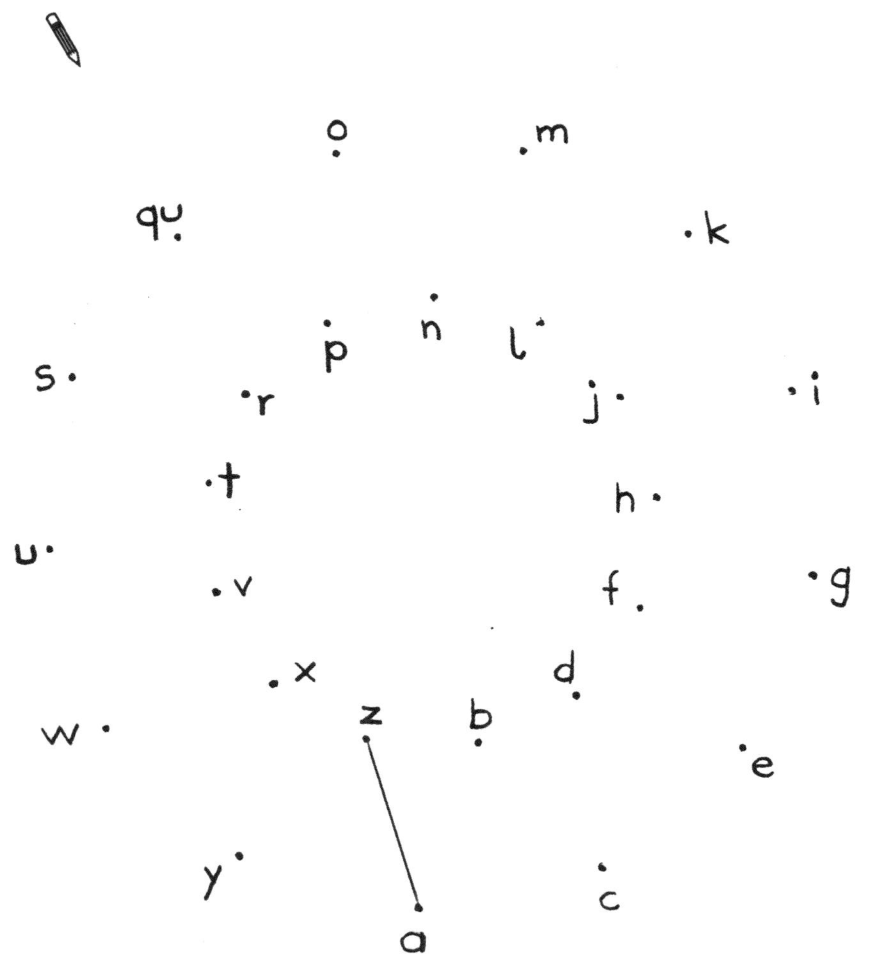

Suchbild 2

▲= blau

© SCHUBI

Suchbild 3

ABC – Bild 3

Verbinde die Punkte in der Reihenfolge des ABC:

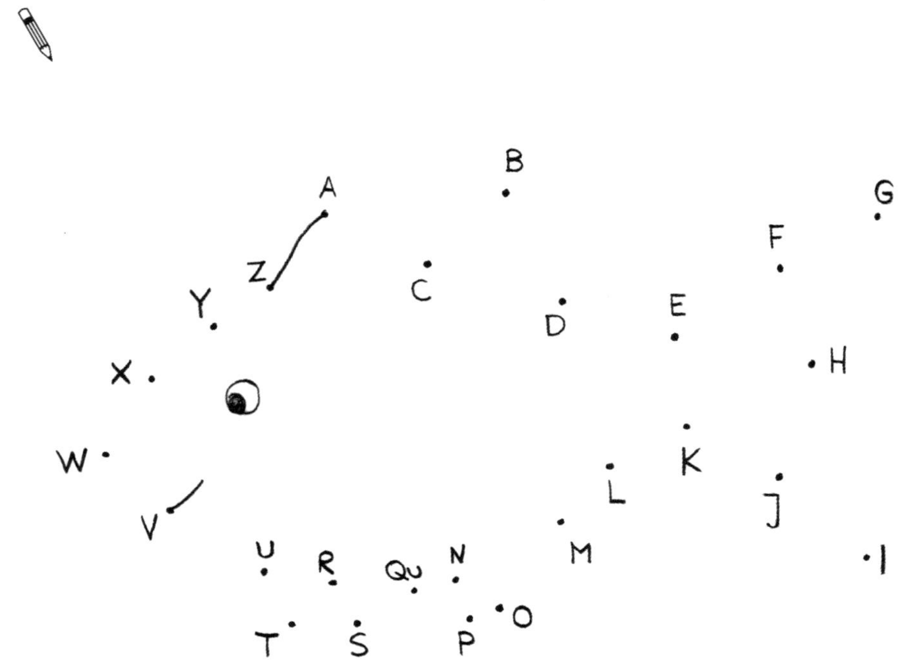

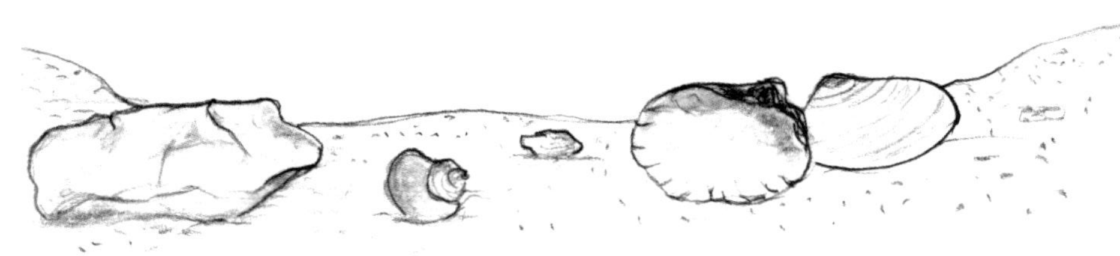

© SCHUBI

ABC – Bild 4

Verbinde die Punkte in der Reihenfolge des ABC:

© SCHUBI

Suchbild 4

● = braun

Teil 4

Kreuzworträtsel 1, 2, 3, 4

Kreuzworträtsel 5, 6 / Unsinnwörter

Sonnenwörter

Regenwörter

Viele Namen / Schreibe Namen in die Kärtchen

Mathis – Lena / Briefchen (Verschiedene Schriften)

Initialen zum Ausmalen / Initialen zum Selbstgestalten

Alle Kinder dieser Welt (Verschiedene Sprachen und Schriften)

KREUZWORTRÄTSEL

Bei solchen Rätseln werden alle Buchstaben GROSS geschrieben.

1

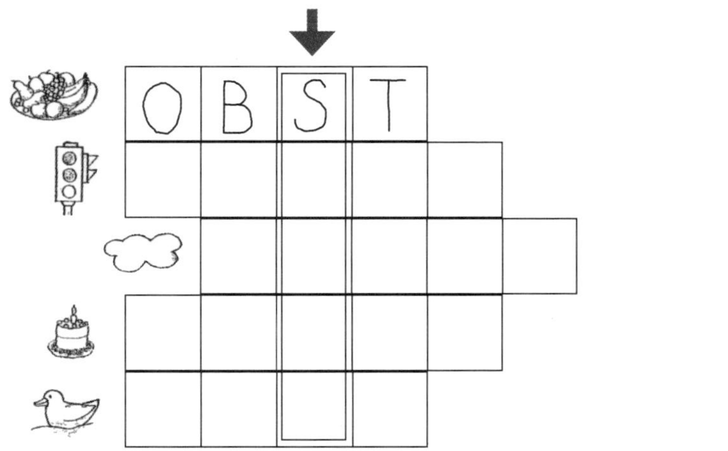

Das ist Olis liebstes Schulfach: ______________________

2

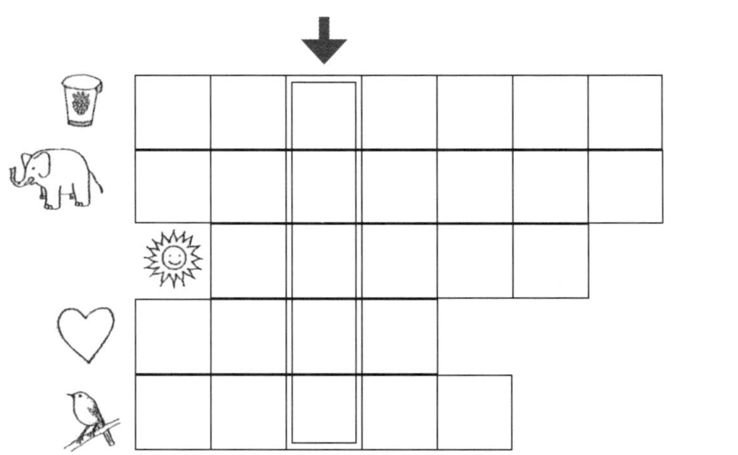

Dies ist der Name eines Ritters: ______________________

© SCHUBI

KREUZWORTRÄTSEL

3

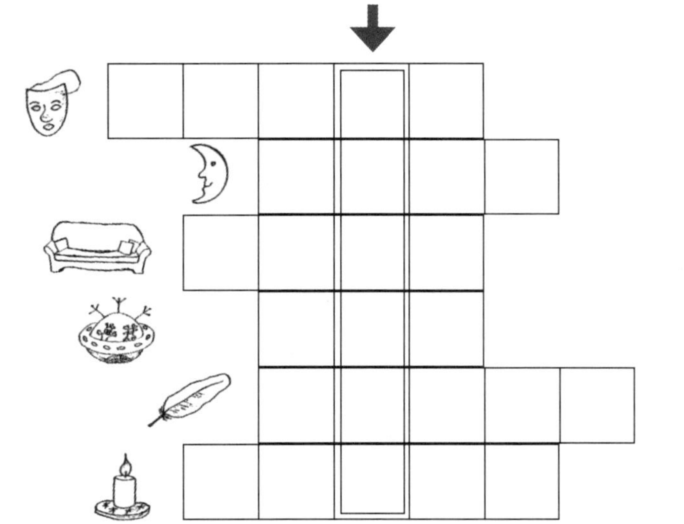

Den brauchst du zu einer Reise: ______________________

4

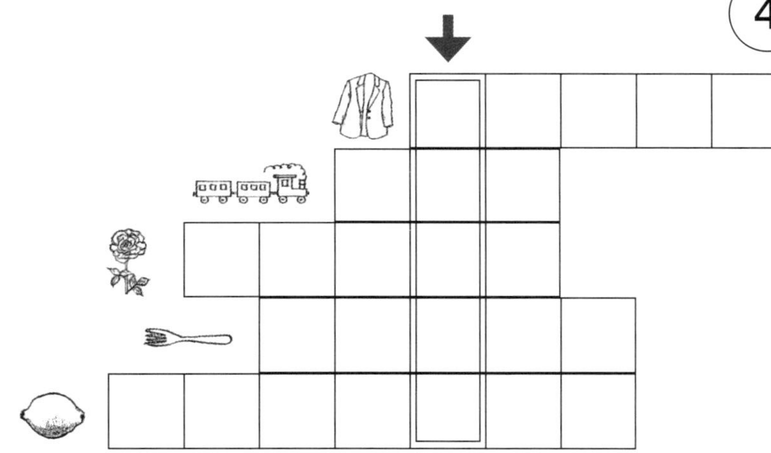

Elefanten werden so genannt: ______________________

KREUZWORTRÄTSEL

5

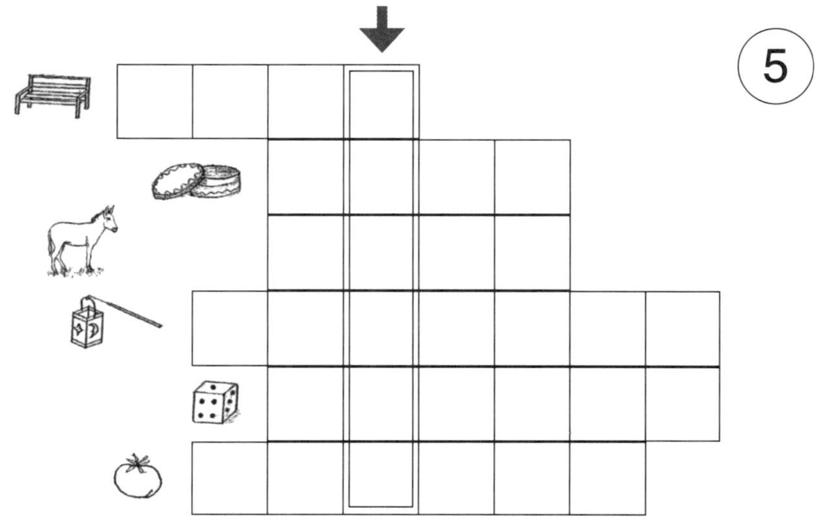

Das braucht
ein Schauspieler: ______________________

6

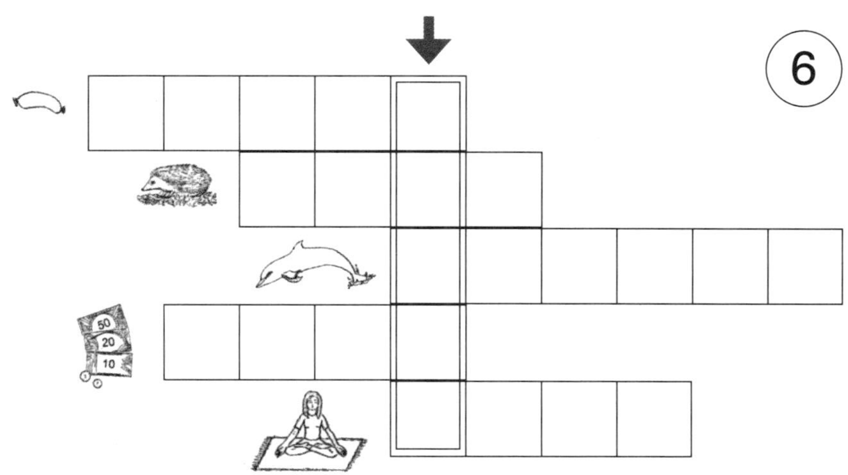

So nennen manche
Kinder ihren Bären: ______________________

© SCHUBI

Unsinnwörter

… aber ein Wort ist jeweils richtig. Kreuze es an:

- ○ Blusenzopf
- ○ Blasenmops
- ○ Blumentopf
- ○ Blumenpferd

- ○ Zangenbums
- ○ Zungenbrett
- ○ Zahlenborste
- ○ Zahnbürste

- ○ Armbanduhr
- ○ Armbundhose
- ○ Ärmelrandecke
- ○ Ärgerhutschnur

- ○ Taschendepp
- ○ Fischdeckel
- ○ Tischdecke
- ○ Tischknall

- ○ Schlotterschmuck
- ○ Schlittschuh
- ○ Schlittspuk
- ○ Schlattstuhl

- ○ Pappentopf
- ○ Purzelmaus
- ○ Polterhans
- ○ Puppenhaus

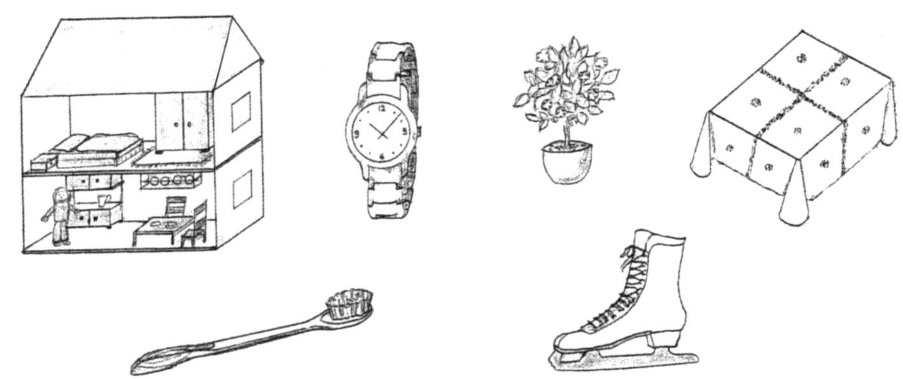

Sonnenwörter

Sonnenschein

Sonnenblume

Sonnenbrille

Sonnenöl

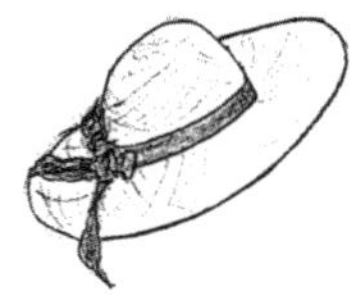

Sonnenschutz

Sonnenhut

Sonnencreme

Sonnenbad

Sonnenschirm

Sonnenstrahl

Sonnenfinsternis

Sonnenglut

Sonnenbrand

Sonnenaufgang

Sonnenlicht

Sonnenuhr

Sonnenseite

© SCHUBI

Lange Sonnenwörter

Sonnenblumenkern

Sonnenblumenöl

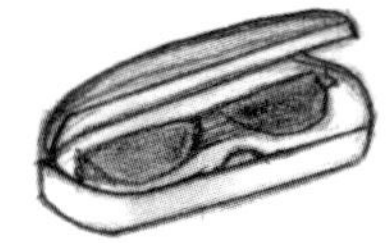

Sonnenblumenölflasche

Sonnenbrillenetui

Sonnencremetube

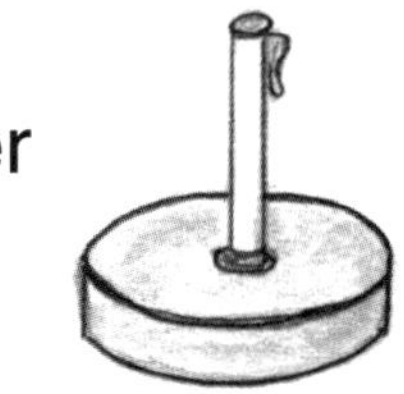

Sonnenschirmständer

Sonnenkraftwerk

Schreibe deine Lieblingssonnenwörter:

Regenwörter

Regenwolke
Regentropfen
Regentag
Regenschutz
Regenschirm
Regenmantel
Regenwetter
Regenrinne
Regenwasser
Regentonne
Regenwald
Regenwurm

Schreibe die Wörter:

© SCHUBI

Nach dem Regen
erscheint am Himmel ein Regenbogen
mit bunten Regenbogenfarben.

Male den Regenbogen an:

Dann singt manchmal ein Vogel sein Lied.
Es ist der Regenpfeifer.

Viele Namen

Mathis Jannes Nadja

Ferdinand Laura Conrad

Özlem Steven Friederike

Nadine Vanessa Sirin

Lena

Arzu Sebastian Hakan

Kathrin

Felix Fabian Tobias

© SCHUBI

Schreibe in die Kärtchen
Namen, die dir gefallen:

Mathis und Lena staunen, dass es so viele verschiedene Schriften im Computer gibt.

Mathis	Lena
Mathis	Lena
Mathis	Lena
Mathis	Lena
Mathis	Lena
Mathis	Lena
Mathis	Lena
Mathis	Lena
Mathis	Lena
Mathis	Lena

Lieber Mathis,
ich lade dich zu meiner Kostümparty am Samstag ein.
Wie ich mich verkleide, verrate ich noch nicht!
Bis bald
Lena

LIEBE LENA,
TOLL, DASS DU EINE PARTY MACHEN DARFST. ICH KOMME GERN. MEIN KOSTÜM VERRATE ICH AUCH NOCH NICHT. ABER MEINE SCHRIFT PASST ZU MEINEM KOSTÜM.....
BIS BALD
MATHIS

Lieber Mathis,
schön, dass du kommen willst. Auf dein DRACULA-KOSTÜM bin ich gespannt!!
Bei uns hat es heute wieder geschneit, deshalb gehe ich jetzt zum Schlittenfahren.
Bis dann
Lena

Hallo,
und ich spiele daheim mit meiner Ritterburg!

© SCHUBI

GROSSE, verzierte Anfangsbuchstaben nennt man

Initialen

Male diese Initialen bunt an:

Lass auch du Blumen, Blätter oder Ranken aus Buchstaben wachsen – wie es dir gefällt!

Verziere deinen Namen:

© SCHUBI

Alle Kinder dieser Welt wollen lesen lernen.

Hier oben steht der Satz in deutscher Sprache.

Tom liest es anders in Englisch:

All the children of this world want to learn how to read.

Und Nadine so in Französisch:

Tous les enfants du monde veulent apprendre à lire.

Carlos liest es in Spanisch:

Todos los niños de este mundo quieren aprender a leer.

Und Lisbeth in Schwedisch:

Alla världens barn vill lära sig läsa.

© SCHUBI

Es gibt nicht nur verschiedene Sprachen,
sondern auch verschiedene Schriften.

Alle Kinder dieser Welt wollen lesen lernen.

Svetlana liest es in Russisch:

Все дети в мире хотят научиться читать.

Miki in Japanisch:

世界中の子供が、読み書きを習いたがっている。

Und Hamed in Arabisch:

كل أطفال العالم يرغبون تعلم القراءة.

Rong Ji liest es in Chinesisch:

世界上所有的孩子都想学认字。